BEI GRIN MACHT SICH IHR WISSEN BEZAHLT

AF151938

- Wir veröffentlichen Ihre Hausarbeit,
  Bachelor- und Masterarbeit

- Ihr eigenes eBook und Buch -
  weltweit in allen wichtigen Shops

- Verdienen Sie an jedem Verkauf

Jetzt bei www.GRIN.com hochladen und kostenlos publizieren

Franziska Misch

Qualitätszirkel in der Pflege

Qualitätszirkel als Instrument der Qualitätssicherung

GRIN Verlag

Bibliografische Information der Deutschen Nationalbibliothek:

Die Deutsche Bibliothek verzeichnet diese Publikation in der Deutschen National-
bibliografie; detaillierte bibliografische Daten sind im Internet über http://dnb.d-
nb.de/ abrufbar.

Impressum:

Copyright © 2008 GRIN Verlag GmbH
Druck und Bindung: Books on Demand GmbH, Norderstedt Germany
ISBN: 978-3-640-15611-5

Dieses Buch bei GRIN:

http://www.grin.com/de/e-book/114547/qualitaetszirkel-in-der-pflege

GRIN - Your knowledge has value

Der GRIN Verlag publiziert seit 1998 wissenschaftliche Arbeiten von Studenten, Hochschullehrern und anderen Akademikern als eBook und gedrucktes Buch. Die Verlagswebsite www.grin.com ist die ideale Plattform zur Veröffentlichung von Hausarbeiten, Abschlussarbeiten, wissenschaftlichen Aufsätzen, Dissertationen und Fachbüchern.

Besuchen Sie uns im Internet:

http://www.grin.com/

http://www.facebook.com/grincom

http://www.twitter.com/grin_com

Alice - Salomon - Hochschule

Studiengang Gesundheits- und Pflegemanagement

Sommersemester 2008 (6. Fachsemester)

Wahlpflichtmodul – Qualitätssicherung in der gesundheitlich-pflegerischen Versorgung

Referat: Qualitätszirkel in der Pflege

Qualitätszirkel als Instrument der Qualitätssicherung

Franziska Misch

Berlin, 23. Juni 2008

Inhaltsverzeichnis

1 Einleitung

Durch die sich wandelnden strukturellen Rahmenbedingungen in der Gesundheitsversorgung veränderten sich die fachlich formellen Anforderungen an die Mitarbeiter in der Kranken- und Altenpflege (vgl. Görres et al. 1997, S.18). Für das Pflegepersonal entstehen zusätzliche Belastungssituationen, in dessen Folge es unter anderem zu einer Reduzierung der Anzahl Auszubildender und einer sinkenden Verweildauer im Beruf kommt (ebd., S.19). Um dieser Entwicklung entgegenzuwirken und die Situation des Pflegepersonals entscheidend zu verändern, ist ein grundsätzliches Umdenken notwendig. Es bedarf Qualifizierungsmaß-nahmen und personaler Entwicklungskonzepte, um die Situation der Pflegenden deutlich zu wandeln und die Professionalisierung in der Pflege voranzutreiben (ebd., S.22). Den Pflegenden müssen neue Handlungsspielräume eröffnet und deren fachliche Kompetenz erhöht werden. Durch die Erweiterung von Arbeitsinhalten und Gestaltungsspielräumen, sowie die Förderung von Selbständigkeit und Verantwortung lassen sich die Arbeits-bedingungen verbessern und die Motivation des Einzelnen erhöhen (ebd., S. 25).

Wer auf dem derzeitigen und zukünftigen Markt bestehen möchte, der muss v.a. in die *Innovationskraft* des Mitarbeiters investieren, denn dieser bringt durch seine Ausbildung und persönliche Veranlagung Kenntnisse und Fähigkeiten in die berufliche Arbeit ein (vgl. Hansen 2003). Diese gilt es zu fördern. Ein Weg zur Förderung stellt die Qualitätszirkelarbeit dar (ebd.). Qualitätszirkel stellen formal „Problemlösungsgruppen" dar, in denen systematisch und kontinuierlich an einer konkreten Fragestellung gearbeitet wird (vgl. Schnoor et al. 2006, S.13). Das Wissen der Mitarbeiter *an der Basis* wird zur Problembenennung und Erarbeitung von Maßnahmen zur Problemlösung genutzt (ebd.).

Zielsetzung dieser Arbeit ist, Qualitätszirkel als Instrumente der Qualitätssicherung und Weiterentwicklung in der Pflege vorzustellen. Dabei werden zunächst Definitionen von *Qualität* und *Qualitätszirkel* vorgestellt und die formellen Anforderungen an die Gestaltung von Qualitätszirkeln sichtbar gemacht. Die Darstellung der rechtlichen Situation um Qualität und Qualitätssicherung verdeutlicht die Intention von qualitätssichernden Maßnahmen und Qualitätszirkeln als Bestandteil dieser. Wie Qualitätszirkel zur Sicherung der Qualität in der Pflege beitragen können, wird anhand eines Praxisbeispiels deutlich.

2 Kontext Qualität/ Qualitätssicherung

2.1 Qualität und Qualitätssicherung aus rechtlicher Sicht

Lt. §80 SGB XI sind Einrichtungen der ambulanten und stationären Pflege zur Entwicklung eines einrichtungsinternen Qualitätsmanagement, das auf eine stetige Sicherung und Weiterentwicklung der Pflegequalität ausgerichtet ist, verpflichtet (vgl. SGB XI 2007, §80). Dies geht auf die Verabschiedung des *Pflegequalitätssicherungsgesetzes* (PQsG) durch den Bundesrat von 2001 zurück, welches am 01. Januar 2002 in Kraft trat. Das PQsG hat die Sicherung und Weiterentwicklung der Pflegequalität sowie die Stärkung der Verbraucherrechte zum Ziel (vgl. MDK 2007). Pflegebedürftige sollen dadurch eine Versorgung erhalten, die ihren persönlichen Wünschen und Bedürfnissen entspricht (vgl. Bundesministerium für Gesundheit 2001).

Das PQsG umfasst insbesondere:

1. Qualitätssicherung und -prüfung

   Jede ambulante oder stationäre Pflegeeinrichtung wird verpflichtet, ein umfassendes einrichtungsinternes Qualitätsmanagement einzuführen. Unabhängige Sachverständige müssen in regelmäßigen Abständen die Qualität der Einrichtung nachprüfen (ebd.).

2. Personalausstattung:

   Die Pflegeeinrichtungen und ihre Verbände erhalten Instrumente an die Hand, um mit den Kostenträgern Vereinbarungen treffen zu können, die den erforderlichen Personalaufwand gebührend berücksichtigen: Für jedes Heim müssen Leistungs- und Qualitätsvereinbarungen und auf Landesebene Personalrichtwertvereinbarungen getroffen werden (ebd.).

3. Verbraucherschutz:

   Den Pflegebedürftigen und ihren Angehörigen sollen verstärkt Angebote zur Beratung und Information gemacht werden. Die Betroffenen sollen dadurch in die Lage versetzt werden, ihre Rechte wirksamer wahrzunehmen (vgl. ebd.).

4. Zusammenarbeit mit der Heimaufsicht:

Im stationären Bereich wird die Zusammenarbeit zwischen den Medizinischen Diensten der Krankenversicherung und der staatlichen Heimaufsicht verbessert (vgl. Bundesministerium für Gesundheit 2001). Diese Forderungen finden sich inhaltlich im SGB XI § 117 wieder (vgl. SGB XI 2007 § 117).

Weiter heißt es: „Die Träger der Pflegeeinrichtungen bleiben (…) für die Qualität der Leistungen ihrer Einrichtungen einschließlich der Sicherung und Weiterentwicklung der Pflegequalität verantwortlich." (SGB XI 2007, §112)

2.2 Inhalt der Leistungs- und Qualitätsvereinbarungen (LQV)

Mit Einführung des Pflegequalitätssicherungsgesetzes zum 01.01.2002 nach §80a SGB XI sind alle durch Versorgungsvertrag gemäß §72 SGB XI zur Pflege zugelassenen Einrichtungen, d.h. Alten- und Pflegeheime, Hospize, Kurzzeitpflegeheime, Tages- und Nachtpflegeeinrichtungen (vgl. Möwisch/ Hons/ Both 2005, S.4), gesetzlich zum Nachweis einer wirksamen Leistungs- und Qualitätsvereinbarung (LQV) durch den Träger des zugelassenen Heims verpflichtet (ebd., S.1, vgl. SGB XI 2007, §80a). Vorher können keine Pflegesatzvereinbarungen getroffen werden.

Diese Regelung galt für bestehende Einrichtungen ab 01.01.2004, für neu zugelassene Institutionen ab 01.01.2002 (ebd.).

In der LQV sind die wesentlichen Leistungs- und Qualitätsvereinbarungen festzuhalten. Dazu gehören insbesondere:

(1) „die Struktur und die voraussichtliche Entwicklung des zu betreuenden Personenkreises, gegliedert nach Pflegestufen, besonderem Bedarf an Grundpflege, medizinischer Behandlungspflege oder sozialer Betreuung

(2) Art und Inhalt der Leistungen, die von dem Pflegeheim während des nächsten Pflegesatzzeitraumes (…) erwartet werden, sowie

(3) die personelle und sächliche Ausstattung des Pflegeheims einschließlich der Qualifikation der Mitarbeiter." (SGB XI 2007, §80a, Abs.2)

Damit verpflichten sich die Träger der Einrichtungen zur Sicherstellung der leistungs- und qualitätsgerechten Versorgung (vgl. Möwisch/ Hons/ Both 2005, S.2).

Abschließend ist festzuhalten, dass Qualitätsverbesserung und -sicherung im Allgemeinen der Sicherstellung einer ganzheitlichen und aktivierenden Pflege und Versorgung, die ein Leben unter Wahrung der Menschenwürde und Sicherung der Selbstbestimmung ermöglicht, dient (vgl. Möwisch/ Hons/ Both 2005, S.83).

2.3 Begriffsbestimmung *Qualität*

2.3.1 Definitionen

Definition lt. National Association of Quality Assurance Professionals
Hier verstehen die Experten „(…) Qualität als Stufen zu bestmöglichen Leistungen, die im Prozess der Pflege erbracht und dokumentiert werden. Sie basieren auf dem neuesten Kenntnisstand (…)." (Kibbie PE 1986, in: Katz und Green 1996, S.8) Entscheidend ist hier der Verweis auf den Pflegeprozess, der in seinem Ablauf entscheidend zu einer hohen Qualität der Leistungen beitragen kann. Außerdem ist der Hinweis auf den aktuellen Kenntnisstand hervorzuheben.

Definitionen nach Donabedian
Donabedian glaubte, dass eine Definition nicht ausreicht und schlug mehrere vor:

(1) *Absolutistische Definition*
Betrachtet die Möglichkeit von Schaden und Nutzen für die Gesundheit aus dem Blickwinkel des Praktikers ohne Berücksichtigung der Kosten (vgl. Donabedian 1982, in: Katz und Green 1996, S.9).

(2) *Individualisierte Definition*
Richtet sich nach den Erwartungen des Patienten hinsichtlich Nutzen und/ oder Schaden und anderer unerwünschter Folgen (ebd.).

(3) *Soziale Definition*
Beinhaltet die Pflegekosten, den Nutzen und den Schaden als zusammenhängende Größe und die Maßnahmen der Pflege, wie sie von der Bevölkerung im Allgemeinen bewertet wird (ebd)

Es ist festzuhalten, dass der Begriff *Qualität* hier aus verschiedensten Blickwinkeln betrachtet wird: bei der absolutistischen Definition geht es ausschließlich um den Blickwinkel des Praktikers und die Einschätzung von Schaden und Nutzen für die Gesundheit. Die individualisierte Definition stellt den Patienten/ Pflegebedürftigen in den Mittelpunkt. Bei der sozialen Definition werden Kosten, Schaden und Nutzen als zusammenhängende Größen der Pflege betrachtet und die Bewertung dieser durch die Bevölkerung hervorgehoben.

2.3.2 Struktur-, Prozess- und Ergebnisqualität

Zu Beginn der achtziger Jahre entwickelte Donabedian am Beispiel der medizinischen Leistung ein Qualitätsmodell. Die Qualität der Dienstleistung ergibt sich danach aus dem Zusammenspiel von Struktur-, Prozess- und Ergebnisqualität. Die festgelegten Ziele beeinflussen die Struktur- und Prozessqualität und diese wiederum die Ergebnisqualität. Dieses Strukturmodell soll im Folgenden genauer vorgestellt werden. Es dient der Einordnung des Qualitätszirkels als Instrument der internen Qualitätssicherung in den Prozess des Qualitätsmanagement (vgl. Callforquality 2008).

(1) *Strukturqualität*

Rahmenbedingungen (Größe des Unternehmens/ Anzahl der Mitarbeiter, Qualifikation der Mitarbeiter/ finanzielle Rahmenbedingungen/ materielle Ausstattung), unter denen Dienstleistungen (z.B. Pflege, Versorgung und Betreuung) erbracht werden (ebd.).

(2) *Prozessqualität*

Art und Weise, wie eine Dienstleistung erbracht wird (z.B. Wie gut werden die Abläufe gesteuert?, Wie effizient sind diese?) (ebd.).

(3) *Ergebnisqualität*

Resultate einer erbrachten Dienstleistung (Wie gut wurde die Dienstleistung erbracht?/ Wie zufrieden sind interne und externe Kunden?/ Wie wirtschaftlich wurde die Dienstleistung erbracht?) (ebd.)

Qualitätszirkel als Instrumente der internen Qualitätssicherung können diesen Prozess unterstützen. Beispielsweise können sich die Mitglieder eines Qualitätszirkels einzelnen

Aspekten (z.B. Steuerung von Prozessen) annehmen und diese entsprechend der Erfordernisse verändern.

2.4 Definition Qualitätszirkel

Die vorgenommene Darstellung der Definitionen von Qualität und deren Einordnung in den rechtlichen Kontext und in den Qualitätsmanagementprozess verdeutlichen die Intention der Qualitätszirkel. Sie werden als *ein* Instrument der internen Qualitätssicherung, mit dem Zweck der Qualitätsverbesserung, verstanden.

Im Qualitätszirkel sollen Informationen über Problemstellungen gesammelt, Ursachenforschung betrieben und Vorschläge zur Beseitigung des Problems erarbeitet werden. Zentral bei der Durchführung sind die folgenden Punkte:

- Gesprächsrunden mit 5 bis max. 10 Teilnehmern i.d.R. aus der unteren Hierarchieebene (vgl. Bungard 1992, S.7)
- Freiwillige Teilnahme der Mitglieder (vgl. Loffing 2005, S.26) → nur darüber ist eine konstruktive und kreative Zusammenarbeit zu erwarten (vgl. Görres et al. 1997, S.37)
- Unterstützung und Vertrauen durch die Unternehmensleitung (vgl. Loffing 2005, S.26)
- Teilnehmer sind motiviert, offen und haben Vertrauen zu einander (vgl. Schnoor et al. 2006, S.14)
- Kontinuität der Zusammenarbeit → Treff meist alle 1 – 2 Wochen (ebd.)
- Gleichberechtigung aller Mitglieder → formale Hierarchieebenen sollen bewusst abgebaut werden, um partnerschaftliche Arbeitsformen zu gewährleisten (ebd.)
- Leitung durch einen Moderator → meist Qualitätsbeauftragte/ direkte Vorgesetzte (vgl. Loffing 2005, S.26)
- Protokollierung der Ergebnisse (ebd.)
- Gezielte Einbindung der Ergebnisse in die Unternehmensstrategie (ebd.)
- Ausschließlich Bearbeitung arbeitsbezogener Probleme → Mitarbeiter bearbeiten Projekte, für die sie die notwendigen Kenntnisse und Erfahrungen haben und die sie selbst beeinflussen können (vgl. Görres et al. 1997, S.37)
- Gruppe ist für die gesamte Problembearbeitung verantwortlich (ebd.)
- Sitzungen finden während der Arbeitszeit statt (ebd.)

Entscheidend bei dieser Art Problembearbeitung und Zusammenarbeit ist der *Freiraum*, der den teilnehmenden Mitarbeitern in den Gesprächsrunden gebotenen wird. Dieser soll sie motivieren, mit dem Ziel, dass sie dadurch eine positive Einstellung zu ihrer Arbeit gewinnen, sowie sich stärker mit dem Betrieb zu identifizieren. Außerdem wird ein reibungsloserer Arbeitsablauf erhofft, welcher die Produktivität der Mitarbeiter und die Qualität der Arbeit erhöht (vgl. Bungard 1992, S.7).

Qualitätszirkel werden von den Mitarbeitern meist positiv bewertet. Auch gibt es positive Bewertungen in Bezug auf ökonomische Kriterien wie Produktivität und Produktqualität, als auch soziale Indikatoren wie Betriebsklima, Arbeitszufriedenheit und Mitarbeiterpartizipation (vgl. Antoni 2003, in: Rosenstiel et al. 2003, S.391).

Zu den häufigsten Problemen gehört die meist mangelnde Unterstützung durch das mittlere Management und die fehlende Zeit für die Qualitätszirkelarbeit (ebd.)

Ursprungsland von Qualitätszirkeln ist Japan, dort begann auch die Umsetzung des Konzeptes (vgl. Kamus 2007, S.8). Qualitätszirkel in Deutschland entstanden Anfang der 80iger Jahre, nachdem in Japan nach Einführung dieser enorme Qualitätserfolge zu verzeichnen waren (ebd.)

2.5 Arbeitsschritte/ Arbeitsprozess von Qualitätszirkeln

Abb. 1: Arbeitsprozess eines QZ

Die Arbeitsschritte von Qualitätszirkeln können, wie nachfolgend, noch detaillierter dargestellt werden:

(1) *Identifikation der Problemfelder und Auswahl des Themas*

Herausarbeitung von Problemen in der Praxis → meist steht das Thema des Qualitätszirkel jedoch schon fest und es treffen jene Kollegen zusammen, die an der Bearbeitung dieses Themas Interesse haben (vgl. Schnoor et al. 2006, S.15f)

(2) *Problemdokumentation*

Dokumentiert wird hier, wie sich das Problem im Alltag bemerkbar macht (ebd., S.16)

(3) *Problemanalyse*

Teilnehmer analysieren auf der Basis der erstellten Dokumentation die konkrete Praxis, in der das benannte Problem auftaucht (ebd.).

(4) *Gemeinsame Suche nach Ursachen* (ebd.)

(5) *Definition der Ziele*

Hier werden jene Ziele formuliert, die in Bezug auf das zu bearbeitende Problem erreichen möchte → Ziele sollten möglichst klar operationalisiert werden (vgl. Schnoor et al. 2006, S.15f)

(6) *Formulierung von Indikatoren und Kriterien für die Zielerreichung*, um im Späteren überprüfen zu können, ob die Ziele erreicht wurden (ebd.)

(7) *Problemlösung* (ebd.)

(8) *Planung und Umsetzung der geplanten Veränderungen*

→ Formulierung kreativer Lösungsmöglichkeiten

→ Realisierungsmöglichkeiten prüfen

→ Festsetzen von Maßnahmen (mittels Tätigkeitskatalog)

→ arbeitsteilige Umsetzung (ebd.)

(9) *Erfolgskontrolle*

Untersuchung, ob die geplanten Ziele eingetreten sind und zu einer Reduzierung des Problems beigetragen haben → wenn ja, ist die QZ Arbeit abgeschlossen (ebd.)

3 Wie können Qualitätszirkel zur Sicherung der Qualität in der Praxis beitragen (Praxisbeispiel)

Nachfolgend wird ein Beispiel aus meiner beruflichen Praxis als Pflegedienstleitung, mit den Schwerpunkten Wachkoma und Schwerstpflege vorgestellt. Dies verdeutlicht, wie die Qualitätszirkelarbeit in der Praxis vollzogen werden kann. Vom Qualitätsmanagementsystem her orientiert sich die Zusammenarbeit in diesem Qualitätszirkel an DIN EN ISO 9000/ 2001. Speziell an diesem Qualitätszirkel ist, dass sich hier mit Problemen und Fragestellungen des Wohnbereiches *Wachkoma* auseinandergesetzt wird. Die erarbeiteten Ergebnisse können nur bedingt auf die anderen Bereiche übertragen werden und behalten demzufolge ihre Wirkung fast ausschließlich auf dem Wohnbereich.

Gruppenleiterin bin ich, als Pflegedienstleitung des Bereiches, unterstützt durch die Qualitätsbeauftragte des Hauses. Feste Mitglieder sind die Wohnbereichsleitung und die stellvertretende Wohnbereichsleitung des Bereiches Wachkoma, variabel ist die Anwesenheit eines weiteren Mitarbeiters und eines Therapeuten aus dem Team. Demzufolge ist der Qualitätszirkel mit 5 – 6 Mitgliedern besetzt, wobei davon 4 feste Mitglieder sind und zwei weitere Mitglieder je nach Themenstellung teilnehmen (kontinuierlich bis zur Problem-lösung). Der Qualitätszirkel ist eine Gruppe, die über die Problembearbeitung hinaus besteht und sich regelmäßig alle 4 – 6 Wochen trifft.

In der letzten Problemstellung wurde das bestehende Konzept des Bereiches Wachkoma überarbeitet, d.h. an die aktuelle Situation und Gegebenheiten des Bereiches angepasst. Außerdem wurden die notwendigen Leitlinien zu speziellen Aspekten der medizinisch-pflegerischen Versorgung (z.B. endotracheales Absaugen) erarbeitet. Das Konzept ist nur auf dem Bereich Wachkoma wirksam, die Leitlinien werden auch auf dem Wohnbereich Schwerstpflege Anwendung finden. Nach Abschluss der Bearbeitungen und Genehmigung durch die Heimleitung wurden das Konzept und die Leitlinien geschult, womit sie nun verbindlich umzusetzen sind.

Formal ist die Aufgabenstellung abgeschlossen, womit sich der Qualitätszirkel auflösen könnte. Die festen Mitglieder bleiben aber im Qualitätszirkel. Während der Schulung des Konzeptes und der Leitlinien wurde deutlich, dass noch Schulungsbedarf zu bestimmten behandlungspflegerischen Aufgaben besteht. Nun werden Schulungen zu einzelnen Themen erarbeitet und auf den Bereichen Wachkoma und Schwerstpflege geschult. Entsprechend werden die Mitglieder Mitarbeiter des Wohnbereiches und Therapeut des Bereiches Wachkoma ersetzt durch die Wohnbereichsleitung des Bereiches Schwerstpflege und eine weitere Pflegefachkraft des Wohnbereiches.

Die Sicherung und Weiterentwicklung der Qualität der medizinisch-pflegerischen Versorgung auf dem Wohnbereich Wachkoma (und durch die Berührung der Schnittstellen auch für den Bereich Schwerstpflege), ist hier durch die Zusammenarbeit in der Gruppe erreicht worden. Durch die Überarbeitung des Konzeptes konnten die Rahmenbedingungen und Ziele der Pflege neu definiert werden und Wünsche der Mitarbeiter und Bewohner/ Angehörigen Eingang finden. Auch die Neuentwicklung der Leitlinien gibt die Rahmenbedingungen für eine professionelle Versorgung vor. Sie wurden, orientiert an den Möglichkeiten und den speziellen Bedürfnissen der Pflegebedürftigen sowie denen der Mitarbeiter entwickelt. Auch konnten die verschiedenen Professionen der Mitglieder zur effektiven Zusammenarbeit beitragen. Pflegedienstleitung, Qualitätsbeauftragte und die Mitglieder des Wohnbereiches sind Pflegefachkräfte, welche durch die Qualifikation der Therapeutin unterstützt wurden. Im Speziellen konnte die Pflegedienstleitung die formale Bedingungen, die vorgegeben sind, frühzeitig kommunizieren und in den Prozess mit einfließen lassen. Die Qualitätsbeauftragte weiß um die formalen Kriterien, die Leitlinien und das Konzept zu erarbeiten und mit Abschluss der Zusammenarbeit ins Qualitätshandbuch einzufügen. Auch ist das Mitwirken aller bedeutend, wenn die Neuerungen geschult und die Umsetzung überprüft werden sollen. Durch den ähnlichen medizinisch-pflegerischen Schwerpunkt auf dem Wohnbereich Schwerstpflege ergaben sich auch für die Mitarbeiter dieses Bereiches Neuerungen, welche die Qualität der Versorgung nachhaltig steigern sollen und können. Im Ergebnis ist weiterhin festzuhalten, dass Wissensdefizite der Mitarbeiter aufgedeckt werden konnten, auf die im Folgenden eingegangen wird. Auch dies führt im Prozess zur Verbesserung der Versorgung der Pflegebedürftigen.

4 Ergebnis/ Aussicht

Qualitätszirkel in der Pflege sollen dazu beitragen, das Pflegepersonal systematisch in Entscheidungsprozesse von Versorgungseinrichtungen einzubeziehen (vgl. Görres et al. 1997, S.51). Damit können sie auch zur der Behebung des Pflegenotstandes beitragen, da die Pflegenden hier die Möglichkeit bekommen, kreatives und innovatives Potential zu entwickeln. Weiterhin soll über diese mehr individuelle Autonomie erreicht und neue Handlungsspielräume mit größeren Einflussmöglichkeiten erschlossen werden, die Arbeitszufriedenheit steigern und innerbetriebliche Qualifikationsmöglichkeiten bieten (ebd., S.52).

Der Begriff Qualität ist aus dem Gesundheitswesen nicht mehr wegzudenken (vgl. Loffing 2005, S.111). Durch die Forderungen der Kostenträger und die steigenden Anforderungen der Kunden ist die Einführung eines Qualitätsmanagementsystems zu einer Notwendigkeit geworden. Qualitätszirkel können einen entscheidenden Beitrag zur Qualitätsverbesserung innerhalb dieses Qualitätsmanagementsystems leisten. Hier erfahren motivierte Mitarbeiter ein hohes Maß an Akzeptanz. Das kreative Potential der Mitarbeiter kann hier vollends ausgeschöpft und im Ergebnis zum Erfolg des Unternehmens eingesetzt werden. Voraussetzung dafür bleibt die Akzeptanz der Leitung und die nachhaltige Motivation der Mitarbeiter, indem deren Ideen Gehör finden und in geeigneter Form im Unternehmen umgesetzt werden (ebd.). Qualitätszirkel können, wenn sie richtig durchgeführt werden, die erfolgreiche Einführung und nachhaltige Umsetzung eines Qualitätsmanagementsystems ermöglichen (ebd., S.112). Weiterhin ist die Arbeit im Qualitätszirkel darauf ausgerichtet, eine Verbesserung und Erleichterung der eigenen Arbeit anzustreben und darüber die Leistungs- und Qualitätsfähigkeit des Unternehmens zu stärken (vgl. Schubert 2003, S.153). Hier werden nicht nur formale Kenntnisse des Mitarbeiters genutzt, sondern auch die Erfahrungen mit den Problemen vor Ort (ebd., S.155).

„Qualität ist ein dynamischer Prozess. Man kann sie nicht einfach einmal erzielen
und dann außer acht lassen. Sie entsteht aus der ständigen Verbesserung."
(Katz und Green 1996, S.7).

5 Literaturverzeichnis

Antoni, C. 2003: Gruppenarbeitskonzepte, in: Rosenstiel et al. 2003: Führung von Mitarbeitern, S. 387 – 395, Stuttgart

Böhme, H./ Göttert, G. 2002: PQsG/ HeimG – Praxiskommentar zu den neuesten Gesetzen, Bobingen

Bundesministerium für Gesundheit 2001: Pflegequalitätssicherungsgesetz sichert Qualität und schützt Verbraucherrechte in der Pflege, in: http://www.krankenkasseninfo.de/news/2807, 18.06.2008

Bungard, W. (Hrsg.) 1992: Qualitätszirkel in der Arbeitswelt – Ziele, Erfahrungen und Probleme, Göttingen/ Stuttgart

Callforquality 2008: Was ist unter Struktur-, Prozess- und Ergebnisqualität zu verstehen?, in: http://www.qus-gmbh.de/standards/leistungen-produkte/qualiarten.html, 21.06.2008

Görres, St./ Luckey, K./ Stappenbeck, J./ Robert Bosch Stiftung (Hrsg.) 1997: Qualitätszirkel in der Alten- und Krankenpflege -Evaluationsstudie-, Bern/ Göttingen/ Toronto/ Seattle

Hansen, W. (Hrsg.) 2003: Qualitätsmanagement und Human Ressources, in: www.symposium.de/qm-personal/qm-personal05.htm, 06.05.2008

Kamus, M.-O. 2007: Qualitätszirkel als Kleingruppenkonzept – Eine dezentrale Arbeits- und Lernform, Saarbrücken

Katz und Green 1996: Qualitätsmanagement – Überprüfung und Bewertung des Pflegedienstes, Berlin/ Wiesbaden

Medizinischer Dienst der Krankenkassen (MDK) 2007: Pflegequalitätssicherungsgesetz, in: http://www.mdk.de/881.htm, 18.06.2008

Möwisch, A./ Hons, C./ Both, C. 2005: Die Leistungs- und Qualitätsvereinbarung in der Pflege, Heidelberg

Loffing, Ch. (Hrsg.) 2005: Qualitätszirkel erfolgreich gestalten – so nutzen Sie die Kreativität Ihrer Mitarbeiter, Stuttgart

Schnoor, H./ Lange, C./ Mietens, A. 2006: Qualitätszirkel – Theorie und Praxis der Problemlösung an Schulen, Paderborn

Schubert, M. 2003: Qualitätszirkel, in: Hansen, W./ Kamiske, G. F. (2003): Qualitätsmanagement und Human Resources – Mitarbeiter einbinden, entwickeln und führen, Düsseldorf, S.151 - 171

Sozialgesetzbuch (SGB) 2007, 34. Auflage, München

Abb. 1: Arbeitsprozess eines QZ, in:
http://www.uni-marburg.de/fb21/erzwiss/personal/prof/schnoor_hp/projekte/qualzir-bild, 09.06.2008